ANDY MORGAN

DURCH DIE FLAMMENHÖLLE VON CARANOA

Text: Greg Zeichnung: Hermann

Carlsen Verlag

CARLSEN COMICS
Lektorat: Andreas C. Knigge
1. Auflage 1988

Aus dem Französischen von Klaus Strzyz und Heipe Weiß
LA FOURNAISE DES DAMNES

Lettering: Michael Hau

08018834 · ISBN 3-551-01187-7 · Bestellnummer 01187

2. OKTOBER, 4.05 UHR MEZ, AN ALLE SCHIFFE - LEICHTER TONNAGE - DRINGEND - ZONE 009,010,013 ANLAUFEN! ACHTUNG! - WIR WIEDERHOLEN...
KAFFEE?
IMMER! ÜBRIGENS, WAS MACHT DENN BARNEY? DREHT DER SICH LOCKENWICKLER FÜR SEINEN BART AUS DEN KARTEN?
TEUFEL AUCH, DU HATTEST RECHT! DAS BETRIFFT UNS WIRKLICH...!
UNS UND ALLE ANDEREN KÄHNE, DIE SICH HIER BEFINDEN!
WEGEN DER STRÖMUNG HABEN SIE'S SCHWER EILIG...
HM... SIE RUFEN ALLE FÜR EINE RETTUNGSAKTION VOR DER SÜDSPITZE DER FELSENRIFFE ZUSAMMEN!
HAT SICHER SEINEN GRUND, DASS SIE NUR DIE KLEINEN BOOTE MOBILISIEREN... DA WIMMELT'S NUR SO VON RIFFEN! DER REINSTE WRACK-FRIEDHOF... EINE WELTAUSSTELLUNG ABGESOFFENER KÄHNE!
WARUM ORDERT MAN AUSGERECHNET UNS DAHIN?
DAS IST KEINE ORDER, SONDERN EIN APPELL... EIN APPELL, SICH IN EINEN BACKOFEN ZU BEGEBEN, WO 500 MENSCHEN GEGRILLT WERDEN, FALLS IN DEN NÄCHSTEN STUNDEN KEINE RETTUNG VOM MEER KOMMT!
7

ANSCHEINEND IST EIN WALDBRAND AUSGEBROCHEN, UND DER WIND HAT SICH GEDREHT...
DIE LEUTE SIND VOM FEUER EINGESCHLOSSEN, UND WIR MÜSSEN SIE RETTEN... WIE DAMALS, 1940, IN DÜNKIRCHEN...
ABER DÜNKIRCHEN HATTE EINEN STRAND... HIER KANN DIE KLEINSTE WELLE DIE „CORMORAN" GEGEN EIN GRANITRIFF WERFEN! DAS IST KEIN SPASS...!
SCHAU MAL, WER DA ANDAMPFT! JETZT SIND WIR NICHT MEHR ALLEIN...
DIE „TORONTO BELLE" VON GUS MADRIER. GENAUSO EIN VERRÜCKTER WIE DU.
AUS ALLEN RICHTUNGEN KOMMEN JETZT ANTWORTEN. SIE SAGEN, WIR SOLLEN UNS NACH DEN BEFEHLEN VON KAPITÄN FALQUENOY VON DER „MOORAHOGA" RICHTEN...
SOGAR EIN LÖSCHFLUGZEUG DER „CANADAIR" IST MIT DABEI...
DAS SCHEINT WIRKLICH ERNST ZU SEIN!... RIECH DOCH MAL...
DAS STINKT BIS HIERHER!

OKAY, ALLE FUNKGERÄTE AUF MEINE WELLENLÄNGE EINSCHALTEN...
HE, JORDAN, DICKES MEER-SCHWEIN, MACH MAL PLATZ FÜR DEINE ALTEN FREUNDE!
3

MACH BLOSS DIE FLIEGE, MAC NULLY! AN DEM TAG, AN DEM DU'S SCHAFFST, ANKER ZU WERFEN, OHNE MIT DEINEM KAHN UMZUKIPPEN, WACHSEN AUF DEM MOND ÄPFEL...!
SCHON GUT, BARNEY, DAS REICHT...
DAS FEUER GEHT ÜBER DIE GANZE BREITE DER HALBINSEL UND IST IN SECHS STUNDEN AN DER SPITZE. DIE LÖSCHFLUGZEUGE WERDEN ES BIS DAHIN NICHT GESCHAFFT HABEN...
DIE BEWOHNER AUS ZWEI DÖRFERN SOWIE DIE BELEGSCHAFT DER FORSTBETRIEBE FLIEHEN VOR EINER UNDURCHDRINGLICHEN FEUERWAND. MAN SCHÄTZT DIE ÜBERLEBENDEN AUF 500 MÄNNER, FRAUEN UND KINDER...
ES GIBT KEINE MÖGLICHKEIT, IHNEN MITZUTEILEN, DASS WIR KOMMEN, UND DESHALB KÖNNEN WIR NUR HOFFEN, DASS SIE SICH AUF DIE SPITZE VON CARANOA ZURÜCKGEZOGEN HABEN, WO WIR NAHE GENUG HERAN KÖNNEN, UM SIE MIT KLEINEN BOOTEN UND SEILROLLEN ZU RETTEN... DIE SCHIFFE, DIE ICH JETZT AUFRUFE, WERDEN DIESEN PUNKT SOFORT ANSTEUERN... „SASKATCHEWAN II", „BLUE BIRD", „AVENGER"...
...„TORONTO BELLE", „MONA JOLIE", „GARCIA-LOPEZ", „CORMORAN"...
SAG MAL, WIR HABEN DOCH EINE GENAUE KARTE VON DIESER ECKE...
OKAY, AUF GEHT'S...
SEKUNDE, WILL SCHNELL NOCH WAS CHECKEN...
GENAU! ICH WUSSTE DOCH, DASS DA NOCH WAS WAR...
FALQUENOYS PLAN BERUHT AUF EINER SEEKARTE UND IST GUT. ABER FÜR DIE UNGLÜCKLICHEN, DIE VON DIESER SEITE AUF DIE ANDERE, IN RICHTUNG DER „NEPTUNZÄHNE" FLIEHEN WERDEN, ZU DEN RIFFEN, DIE SO SCHARF WIE RASIERKLINGEN SIND, KANN ER NICHTS TUN...
ABER DORT FÜHRT EINE STRASSE HIN, UND FRAUEN UND KINDER WERDEN SIE EINSCHLAGEN... GENAU IN EINE SACKGASSE HINEIN, MIT DEM FEUER IM RÜCKEN!
!
!?
4

DURCH DIE „NEPTUNZÄHNE" KOMMT MAN NUR MIT EINEM ZAUBERER ALS STEUERMANN DURCH...
ICH KENNE EINEN...
BLUE BIRD
DICH.
SONST NOCH WAS? ICH KÖNNTE EINEM POTTWAL DIE SPOREN GEBEN ODER IM RUDERBOOT DIE NIAGARAFÄLLE HINUNTERFAHREN... KLEINIGKEITEN, ABER DAS HIER IST UNMÖGLICH!
ICH WEISS, DASS DU ES KANNST, ALTER...
...UND DIE VORSTELLUNG, EIN PAAR DUTZEND FLÜCHTLINGE VOR DEM FEUER ZU RETTEN, WIRD DEINE FÄHIGKEITEN VERFÜNFFACHEN... DU KANNST ES SCHAFFEN, UND DU WIRST ES SCHAFFEN, STIMMT'S?
NA JA, WENN ICH ALLEIN UND DAS NICHT MEIN KAHN WÄRE... DAS RISIKO...
DAS SCHIFF IST MEINE SACHE, DAS VERTRAUE ICH DIR BLIND AN... UND ALI LASSEN WIR AUF EINEM DER VERSORGUNGSSCHIFFE IN SICHERHEIT ZURÜCK...
ICH WERDE ÜBRIGENS AUCH NICHT MEHR AN BORD SEIN ... JEMAND MUSS DIE LEUTE DAVON UNTERRICHTEN, DASS DU KOMMST! ANSONSTEN ERGREIFT SIE DIE PANIK, WENN SIE MERKEN, DASS SIE VOM FEUER EINGEHOLT WERDEN...
HEISST DAS ETWA...
...DASS DU TATSÄCHLICH VERSUCHEN WILLST, AN LAND ZU GEHEN ???
ICH RISKIERE NUR MEINE HAUT, ABER DORT SIND GANZE FAMILIEN. KEINE DISKUSSION MEHR!
WIR MÜSSEN FALQUENOY NOCH BESCHEID GEBEN... GEH LÄNGSSEITS AN DIE „MOORAHOGA", UND SAG ALI, ER SOLL MICH ANMELDEN!

WILLKOMMEN AUF DER „MOORAHOGA", KAPITÄN MORGAN... ABER SIE SOLLTEN DOCH SCHON AUF DEM WEG ZUR SPITZE VON CARANOA SEIN...
TUT MIR LEID, FALQUENOY, KURS-ÄNDERUNG!
WIE BITTE? IST IHNEN DAS RISIKO ETWA ZU GROSS?
NICHT FÜR MEIN SCHIFF, ABER FÜR DIEJENIGEN, DIE VOM FEUER EINGESCHLOSSEN SIND. SEHEN SIE SELBST...
DIE SCHIFFE, DIE IN CARANOA ANKOMMEN, RETTEN DIE MEISTEN DER FLÜCHTLINGE... ZUM BEISPIEL DIE DORFBEWOHNER, IHRE FAMILIEN UND DIE WALDARBEITER...
ALSO, RUNDGERECHNET 300 PERSONEN...
BLEIBEN 150 UNGLÜCKLICHE, DIE NICHT AN DEN WEG DENKEN, DER ZUR SPITZE FÜHRT, SONDERN AUF DER ANDEREN STRASSE BLINDLINGS IN RICHTUNG DER „NEPTUNZÄHNE" FLIEHEN... WO KEIN BOOT SIE ERWARTET, UND MIT DEM FEUER IM RÜCKEN!
HAB' ICH AUCH SCHON DRAN GEDACHT, MORGAN, ABER DIESE LEUTE HABEN KEINE CHANCE... SIE WERDEN ENTWEDER VERBRENNEN ODER ERTRINKEN... SCHRECKLICH, ABER NICHT ZU ÄNDERN!
IRRTUM, DIE „CORMORAN" WIRD DA SEIN! WIR KÖNNEN ABER HÖCHSTENS 60 PERSONEN AUFNEHMEN, BENÖTIGEN ALSO NOCH EINEN FREIWILLIGEN, DER NUR BARNEY ZU FOLGEN BRAUCHT.
DAS IST WAHNSINN! UNMÖGLICH! AUSSERDEM WERDEN DIE LEUTE IN PANIK GERATEN, BEVOR SIE DAS MEER ERREICHEN... WOHER SOLLEN SIE WISSEN, DASS SIE...?
WEIL ICH ES IHNEN SAGEN WERDE.
IN 20 MINUTEN BIN ICH AN LAND. ICH HABE ALLES GENAU AUSGERECHNET... DIE FLÜCHTLINGE ERREICHE ICH IN KNAPP VIER STUNDEN. DAS DUMME IST NUR, DASS ICH HINTER DEM FEUER ANKOMME UND ES DURCHQUEREN MUSS...

ICH KANN SIE WOHL KAUM DAVON ABBRINGEN...
NEIN.
GUT, ICH KÜMMERE MICH UM FREIWILLIGE. ABER GLAUBEN SIE JA NICHT, DASS DIE VERSICHERUNG ZAHLEN WIRD, FALLS IHREM BOOT...
DIE LEUTE, DIE SONST DORT DRÜBEN GEGRILLT WERDEN, HABEN ANDERE PROBLEME...
WAS FÜR EIN TYP...!
ICH HABE IN MEINEM LEBEN SCHON 'NE MENGE ECHTER HELDEN KENNENGELERNT, LEUTNANT... UND AN EINEM ERKENNT MAN SIE IMMER AUF ANHIEB...
DIE ANGST ZIEHT IHNEN SÄMTLICHE EINGEWEIDE ZUSAMMEN, UND DAS LÄSST SIE KEINEN MILLIMETER VON IHREM PLAN ABWEICHEN... GENAUSO ERGEHT ES JETZT GERADE MORGAN!
UND VERDAMMT, ICH WERDE IHM WEITERE FREIWILLIGE BESCHAFFEN, SELBST WENN ICH DIE „MOORAHOGA" IN SCHEIBCHEN SCHNEIDEN MUSS, UM FLÖSSE DARAUS ZU MACHEN! LEIDER IST UNSER LASTELEFANT ZU FETT, UM ZWISCHEN DEN „NEPTUNZÄHNEN" HINDURCHZUPASSEN!
VERGISS NICHT, WENN ZU VIELE HALBVERBRANNTE HOLZSTÜCKE DURCH DIE LUFT SEGELN, SCHMIERE DIR DIE AUGEN UND LIPPEN MIT VASELINE ZU...
SUCH MAL DIE GEFÜTTERTEN HANDSCHUHE, DIE WIR FÜR DIE FEUCHTEN TROSSEN BENUTZEN...
KEINE TOLLE AUSRÜSTUNG, ABER ES WIRD SCHON GEHEN...
HIER IST NOCH WAS, FALLS DU MAL EIN HINDERNIS AUS DEM WEG RÄUMEN MUSST...
DAMIT SCHAFFST DU DIR ÜBERALL FREIEN DURCHGANG... ABER WENN ES ZU HEISS WIRD, EHE DU DAS DYNAMIT BENUTZT HAST, SOLLTEST DU ES VORHER WEGWERFEN...

UND DU MACHST KEINE DUMMHEITEN, SONDERN GEHST BRAV AUF DIE „MOORAHOGA" UND GEHORCHST FALQUENOY...
JA, JA, ICH WEISS...
HE, JORDAN! WAS HÖRE ICH DA...?
DU WILLST DEIN BILD WOHL UNBEDINGT IN DER ZEITUNG SEHEN, WIE? GLAUB NICHT, DASS DU WAS BESONDERES BIST, DU ANGEBER!
NA ALSO! WENIGSTENS EINER, DER DIR FOLGEN WIRD, UM ZU BEWEISEN, DASS ER GENAUSOGUT IST WIE DU!
BEI DEM GESTANK AUF SEINEM KAHN IST'S FRAGLICH, OB ER DEN LEUTEN WIRKLICH DAS LEBEN RETTET!
DAS WERDEN WIR IN VIER ODER FÜNF STUNDEN SEHEN. SO VIEL ZEIT BRAUCHT IHR, UND ICH AUCH... WIR HÄTTEN DANN EINE STUNDE VORSPRUNG VOR DEM FEUER...
GERADE GENUG, UM DIE OPERATION DURCHZUFÜHREN! LASS MICH BEI UNSEREM RENDEZVOUS NICHT WARTEN, BARNEY...
UND DU PASS AUF, DASS DU DIR NICHT DIE HOSENBEINE ANBRENNST!
SEH' ICH AUS WIE DIE JUNGFRAU VON ORLEANS?
NICHT GERADE BESONDERS REIZVOLL, DIE GEGEND. ALSO IST ES BESSER, ICH MARSCHIERE GLEICH ZÜGIG LOS... WENN ICH MICH AUCH NUR EIN EINZIGES MAL UMDREHE, KANN ICH KAUM DAFÜR GARANTIEREN, DASS ICH NICHT SOFORT WIEDER INS MEER SPRINGE... AUF GEHT'S, DU HELD!

DIE STRÄUCHER SIND NICHT DIREKT VERBRANNT, SONDERN NUR DURCH DIE HITZE VERDORRT...
...UND DER BODEN IST KAUM LAUWARM... ICH KOMME ALSO VON DER SEITE IN DAS...
...VERWÜSTETE GEBIET. IM NORDEN MÜSSTE ICH GLEICH DIE WALDDÖRFER SEHEN KÖNNEN...
K-3
FORREST TOWN

9

VON HIER AUS WURDE ALARM GEGEBEN... DIE EINZIGE FUNKSTATION DER GANZEN GEGEND LIEGT JETZT UNTER DEN TRÜMMERN...
SIE KONNTEN BESTIMMT ALLE FLIEHEN. LOHNT SICH NICHT, IN DER ASCHE ZU SUCHEN...
COUNTY SCHOOL
VERDAMMT, MEINE HAUT FÄNGT JETZT SCHON AN AUSZUTROCKNEN... MUSS MEINEN WASSERVORRAT GUT EINTEILEN. MAL SEHEN, OB DA NOCH WAS ÜBRIG IST...
!
TEUFEL AUCH! WENN ICH MICH NICHT ZUSAMMENREISSE, HABE ICH KEINE CHANCE...!
UND DAS ARME TIER BEWEIST, DASS ES NICHTS NÜTZT, SICH IN DIE ERSTBESTE PFÜTZE ZU STÜRZEN, UM DEN FLAMMEN ZU ENTKOMMEN... ALSO, KEINE FALSCHEN REAKTIONEN!
SOLLTE LIEBER AN DIE LEUTE AM ENDE DER STRASSE DENKEN... AUF DER ANDEREN SEITE DES FLAMMENVORHANGS, DURCH DEN ICH AUCH NOCH MUSS...
10

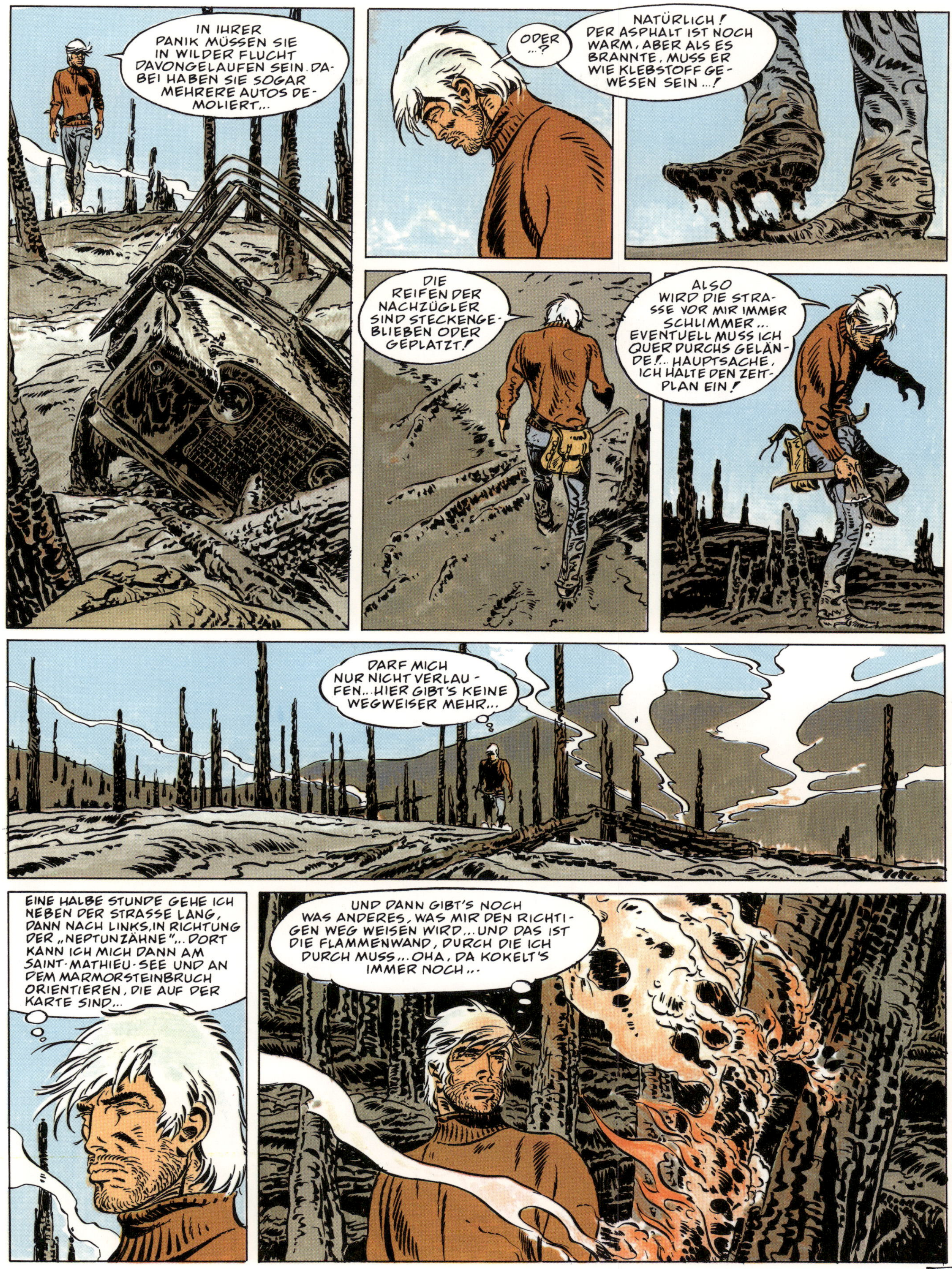
IN IHRER PANIK MÜSSEN SIE IN WILDER FLUCHT DAVONGELAUFEN SEIN. DABEI HABEN SIE SOGAR MEHRERE AUTOS DEMOLIERT...
ODER ...?
NATÜRLICH! DER ASPHALT IST NOCH WARM, ABER ALS ES BRANNTE, MUSS ER WIE KLEBSTOFF GEWESEN SEIN ...!
DIE REIFEN DER NACHZÜGLER SIND STECKENGEBLIEBEN ODER GEPLATZT!
ALSO WIRD DIE STRASSE VOR MIR IMMER SCHLIMMER... EVENTUELL MUSS ICH QUER DURCHS GELÄNDE!... HAUPTSACHE, ICH HALTE DEN ZEITPLAN EIN!
DARF MICH NUR NICHT VERLAUFEN... HIER GIBT'S KEINE WEGWEISER MEHR...
EINE HALBE STUNDE GEHE ICH NEBEN DER STRASSE LANG, DANN NACH LINKS, IN RICHTUNG DER „NEPTUNZÄHNE"... DORT KANN ICH MICH DANN AM SAINT-MATHIEU-SEE UND AN DEM MARMORSTEINBRUCH ORIENTIEREN, DIE AUF DER KARTE SIND...
UND DANN GIBT'S NOCH WAS ANDERES, WAS MIR DEN RICHTIGEN WEG WEISEN WIRD... UND DAS IST DIE FLAMMENWAND, DURCH DIE ICH DURCH MUSS... OHA, DA KOKELT'S IMMER NOCH...

WEITER!... NUR NICHT AN DIESE TROSTLOSIGKEIT DENKEN...
IN DER NÄCHSTEN VIERTELSTUNDE SINGT ANDY MORGAN AUS VOLLEM HALS, UM SICH IMMER WIEDER SELBST ANZUTREIBEN...
...ABER BALD LÄSST DIE TROCKENE UND RAUHE LUFT SEINEN GESANG IN EINEM HUSTENANFALL ERSTICKEN...
DIE ABZWEIGUNG... WER GERADEAUS GING, WIRD VON FALQUENOYS FLOTTE GERETTET WERDEN...
ICH HINGEGEN BIN FÜR DIE ANDEREN DA, DIE IN DER SACKGASSE STECKEN... UND FÜR DIE ALLES VON BARNEY UND DER „CORMORAN" ABHÄNGT...
UND DAS GILT AUCH FÜR MICH, WENN ICH SIE EINGEHOLT HABE!

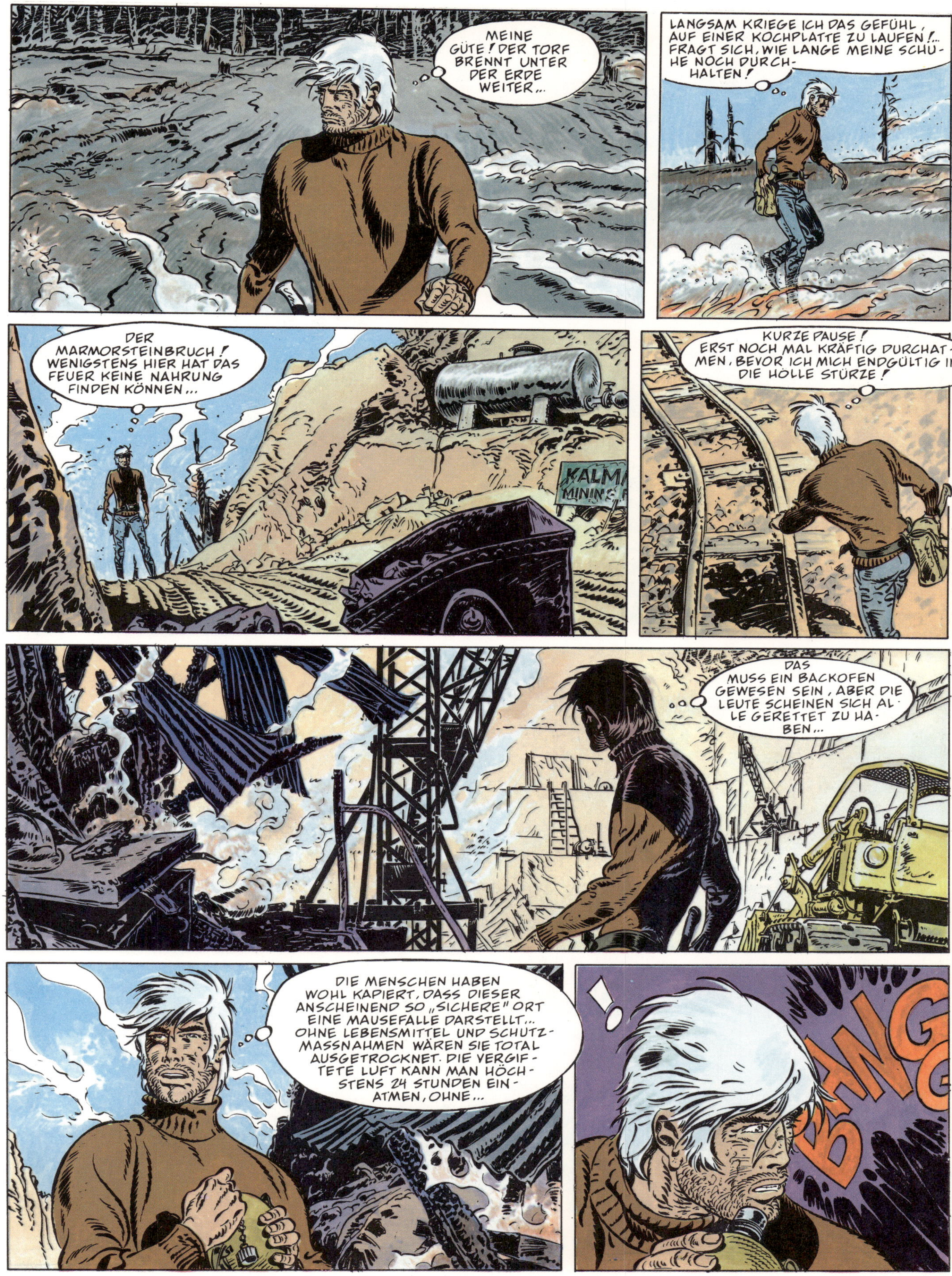

MEINE GÜTE! DER TORF BRENNT UNTER DER ERDE WEITER...
LANGSAM KRIEGE ICH DAS GEFÜHL, AUF EINER KOCHPLATTE ZU LAUFEN!... FRAGT SICH, WIE LANGE MEINE SCHUHE NOCH DURCHHALTEN!
DER MARMORSTEINBRUCH! WENIGSTENS HIER HAT DAS FEUER KEINE NAHRUNG FINDEN KÖNNEN...
KALMA
MINING
KURZE PAUSE! ERST NOCH MAL KRÄFTIG DURCHATMEN, BEVOR ICH MICH ENDGÜLTIG IN DIE HÖLLE STÜRZE!
DAS MUSS EIN BACKOFEN GEWESEN SEIN, ABER DIE LEUTE SCHEINEN SICH ALLE GERETTET ZU HABEN...
DIE MENSCHEN HABEN WOHL KAPIERT, DASS DIESER ANSCHEINEND SO „SICHERE" ORT EINE MAUSEFALLE DARSTELLT... OHNE LEBENSMITTEL UND SCHUTZMASSNAHMEN WÄREN SIE TOTAL AUSGETROCKNET. DIE VERGIFTETE LUFT KANN MAN HÖCHSTENS 24 STUNDEN EINATMEN, OHNE...
!
BANG

WAS...
???
BAH BA
BAOMMM
UM GOTTES WILLEN! EINE EXPLOSION!
AAAHHHHH!
AUUU! MEINE HÄNDE!... WIE AUF EINEM GLÜHENDEN OFEN...!
BAOM!
BRAAAM
NIRGENDWO DECKUNG!... WENN MIR DIESE BOMBE UM DIE OHREN FLIEGT, BIN ICH HOFFNUNGSLOS VERLOREN...
FSHFSHFSHF
PAFFH
EIN SCHNAPSLAGER! DIE KERLE HABEN EIN GANZES WHISKY-LAGER ZURÜCKGELASSEN, UND DIE FLASCHEN WERDEN IN DER HITZE ZU MOLOTOWCOCKTAILS! DAS ALSO IST MEINE „BOMBE"!!!
14

GROTESK, WENN ICH MEINE MISSION NICHT DURCHFÜHREN KÖNNTE, WEIL ICH VON EINER VERRÜCKTGEWORDENEN WHISKYFLASCHE ERSCHLAGEN WERDE! ALSO WEITER...
NUR SCHNELL WEG HIER...!
AUSSER EIN PAAR NETTEN BRANDBLASEN HAT MIR DIE PAUSE NICHTS GEBRACHT!... HÄTTE GLEICH ZUM SEE GEHEN SOLLEN... AH, HIER LANG!
AUUUU... TUT GANZ SCHÖN WEH! OHNE PAPA BARNEYS SÄLBCHEN HÄTTE ICH JETZT 'NE HAUT WIE 'NE BRATWURST AUF DEM GRILL!... DAS WIRD MIR EINE LEHRE SEIN...!
DIE ARMEN TIERE HATTEN LEIDER KEINE BRANDSALBE! ICH FRAGE MICH NUR, WO DIE ANDEREN SIND... MAN SIEHT NUR RECHT WENIGE, DIE DAS FEUER ERWISCHT HAT...
DER SEE... NUR NOCH EINE SCHLAMMGRUBE... UND MEINE LETZTE ETAPPE VOR DER FEUERSGLUT!
15

VERSINKE ICH... ODER GEHT ES? MAL SEHEN...
ES GEHT... FAST EINE ERFRISCHUNG. DER SCHLAMM IST ZWAR NOCH LAUWARM, ABER WENIGSTENS FEUCHT. IN DIESER HÖLLE HAT EBEN ALLES SEINEN PREIS!
ALLES VERDAMPFT!.. ZU DUMM, DASS DAS WASSER DAS FEUER NICHT AUFHALTEN KONNTE!
DIE FLAMMEN HABEN SICH BIS ZUM UFER VORGEFRESSEN... ZUM GLÜCK HABEN HIER KEINE FLÜCHTENDEN SCHUTZ GESUCHT. SIE WÄREN ERBARMUNGSLOS GERÖSTET WORDEN, UND ICH HÄTTE NUR NOCH LEICHEN VORGEFUNDEN...
ABER ANSCHEINEND KENNEN DIE LEUTE HIER DIE NATUR GUT GENUG, UM NICHT IN SO EINE FALLE ZU TAPPEN... DAS ERHÖHT MEINE CHANCE, ÜBERLEBENDE ZU FIN...
MOMENT! SCHLÄGT MIR DIE HITZE ETWA AUFS GEHIRN...
...ODER HÖRE ICH TATSÄCHLICH JEMANDEN? HE, IST DA WER..?
WAS...?
GRO
GROOOWW
!
16

AAARGH
MEIN GOTT! DIESER ZEITGENOSSE IST SCHON ZU NORMALEN ZEITEN ALLES ANDERE ALS UMGÄNGLICH, ABER MIT SEINEN BRANDWUNDEN ...
... MUSS ER GERADEZU TOLLWÜTIG SEIN!... NICHTS WIE WEG, BEVOR ER ...
AUCH DAS NOCH! MEIN BEIL!...
RRRAOOOOWW
?
ER GEHT VORBEI, OHNE MICH ZU SEHEN?... UND DIESER GANG?... UM GOTTES WILLEN, ICH VERSTEHE ...
DAS FEUER HAT IHM DIE AUGEN AUSGEBRANNT! DER ARME KERL KANN MICH NUR NOCH RIECHEN...!
17

SO GESEHEN, HAT SELBST EIN WALD-BRAND SEIN GUTES... OHNE DEN BRAND-GERUCH, DER ALLES ÜBERDECKT, HÄTTE ER MICH SCHON LÄNGST AUFGESPÜRT UND IN STÜCKE GERISSEN...
EKELHAFT, DIESE ART DER JAGD, ABER FÜR IHN GIBT'S KEINE HOFFNUNG MEHR...
RRKOoOOWW
EIN SIEG, DER MICH ALLES ANDERE ALS STOLZ MACHT...
ABER EGAL, ICH HAB' SCHON GENUG ZEIT VER-LOREN...
ARRRROW
NOCH EINER ?? UND SEINER DÜNNEN STIMME NACH ZU SCHLIESSEN, GEHT'S IHM NOCH SCHLECHTER... ODER...?

78

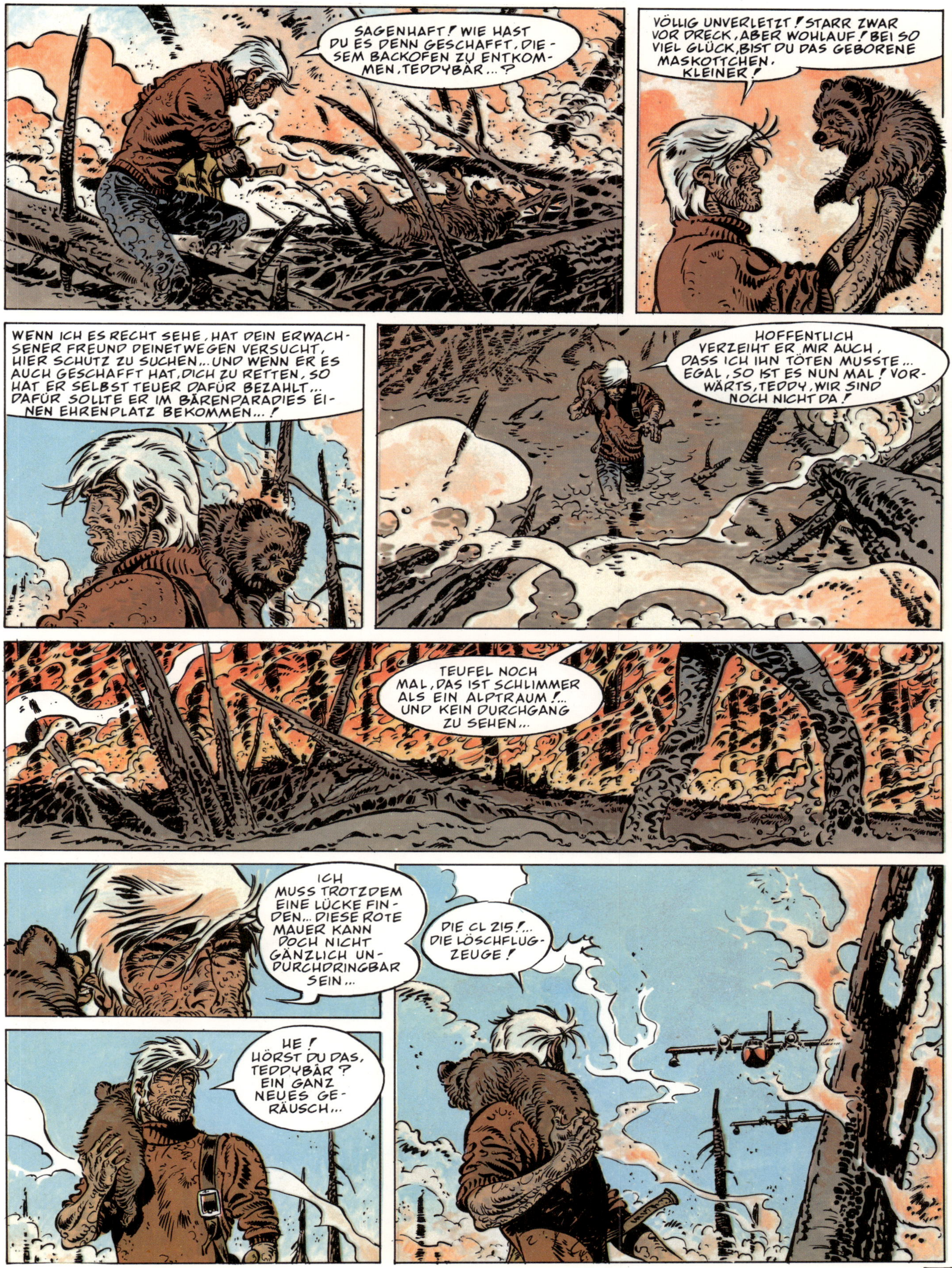
SAGENHAFT! WIE HAST DU ES DENN GESCHAFFT, DIESEM BACKOFEN ZU ENTKOMMEN, TEDDYBÄR...?
VÖLLIG UNVERLETZT! STARR ZWAR VOR DRECK, ABER WOHLAUF! BEI SO VIEL GLÜCK, BIST DU DAS GEBORENE MASKOTTCHEN, KLEINER!
WENN ICH ES RECHT SEHE, HAT DEIN ERWACHSENER FREUND DEINETWEGEN VERSUCHT, HIER SCHUTZ ZU SUCHEN... UND WENN ER ES AUCH GESCHAFFT HAT, DICH ZU RETTEN, SO HAT ER SELBST TEUER DAFÜR BEZAHLT... DAFÜR SOLLTE ER IM BÄRENPARADIES EINEN EHRENPLATZ BEKOMMEN...!
HOFFENTLICH VERZEIHT ER MIR AUCH, DASS ICH IHN TÖTEN MUSSTE... EGAL, SO IST ES NUN MAL! VORWÄRTS, TEDDY, WIR SIND NOCH NICHT DA!
TEUFEL NOCH MAL, DAS IST SCHLIMMER ALS EIN ALPTRAUM!... UND KEIN DURCHGANG ZU SEHEN...
ICH MUSS TROTZDEM EINE LÜCKE FINDEN... DIESE ROTE MAUER KANN DOCH NICHT GÄNZLICH UNDURCHDRINGBAR SEIN...
HE! HÖRST DU DAS, TEDDYBÄR? EIN GANZ NEUES GERÄUSCH...
DIE CL 215!... DIE LÖSCHFLUGZEUGE!

19

DIE HATTE ICH FAST VERGESSEN! KLAR, DIESE BRUMMER KÖNNEN NUR DORT WASSER TANKEN, WO DAS MEER RUHIG IST... DESHALB HABEN SIE AUCH IMMER SO EINEN WEITEN WEG!... HE, HÖR AUF, MEIN OHR ANZUKNABBERN, ICH BRAUCHE ES NOCH!
DU WIRST SEHEN, DIESE VÖGEL WERDEN UNS EINEN WEG BAHNEN! FALQUENOY HAT SIE BESTIMMT ÜBER MEINE MARSCHRICHTUNG INFORMIERT...!
UND SCHON VERSCHWINDET DIE ERSTE CANADAIR MIT HEULENDEN MOTOREN IN DER RAUCHWOLKE. IHRE EINSATZHÖHE: 30 METER...
GUT SO! LASS DAS GANZE WASSER MIT EINEM SCHLAG RAUS...
ABER... VERDAMMT, DIE ASCHE WIRD HOCHGEWIRBELT! DER GUSS SCHLEUDERT TONNEN VON ASCHE IN DIE LUFT!... WIR WERDEN ERSTICKEN!!!
20

DIE CANADAIR CL-215

ALS ZWEIMOTORIGES LÖSCHFLUGZEUG FASST DIE CANADAIR INSGESAMT 2500 LITER WASSER, KANN ALLERDINGS NUR BEI GLATTER WASSEROBERFLÄCHE AUFGETANKT WERDEN. GESCHWINDIGKEIT: 180 KM/H, WASSERABWURFHÖHE: 30 METER. SIE IST ZUR ZEIT DIE WIRKSAMSTE „WASSERBOMBE", ABER IHRE EINSATZMÖGLICHKEIT IST BEGRENZT, WEIL SIE RUHIGE WASSEROBERFLÄCHEN BRAUCHT, DIE GERADE IN VON WALDBRÄNDEN BETROFFENEN GEBIETEN SELTEN SIND. IHR JÜNGSTER KONKURRENT IST DER LÖSCHHUBSCHRAUBER S.A. 230 „PUMA" VON SUD-AVIATION & WESTLAND HELICOPTERS LTD, DESSEN REICHWEITE 560 KM BETRÄGT. ER KANN FEUERWEHRLEUTE BIS UNMITTELBAR AN DEN BRANDHERD FLIEGEN UND WASSERSCHLÄUCHE BIS ZUM BODEN HERABLASSEN.

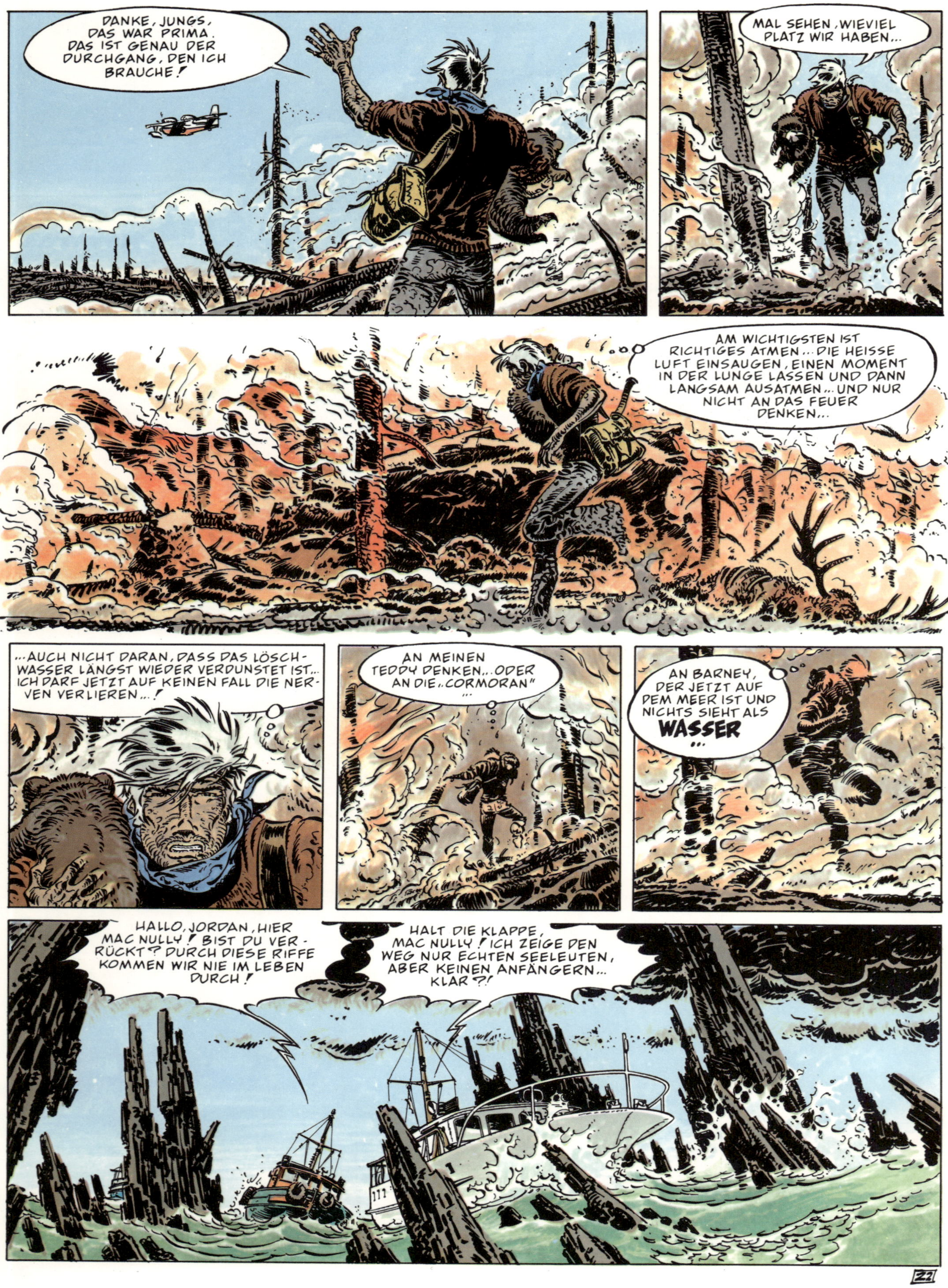
DANKE, JUNGS, DAS WAR PRIMA. DAS IST GENAU DER DURCHGANG, DEN ICH BRAUCHE!
MAL SEHEN, WIEVIEL PLATZ WIR HABEN...
AM WICHTIGSTEN IST RICHTIGES ATMEN... DIE HEISSE LUFT EINSAUGEN, EINEN MOMENT IN DER LUNGE LASSEN UND DANN LANGSAM AUSATMEN... UND NUR NICHT AN DAS FEUER DENKEN...
...AUCH NICHT DARAN, DASS DAS LÖSCHWASSER LÄNGST WIEDER VERDUNSTET IST... ICH DARF JETZT AUF KEINEN FALL DIE NERVEN VERLIEREN...!
AN MEINEN TEDDY DENKEN... ODER AN DIE „CORMORAN" ...
AN BARNEY, DER JETZT AUF DEM MEER IST UND NICHTS SIEHT ALS WASSER ...
HALLO, JORDAN, HIER MAC NULLY! BIST DU VERRÜCKT? DURCH DIESE RIFFE KOMMEN WIR NIE IM LEBEN DURCH!
HALT DIE KLAPPE, MAC NULLY! ICH ZEIGE DEN WEG NUR ECHTEN SEELEUTEN, ABER KEINEN ANFÄNGERN... KLAR?!
22

ALLE TEUFEL NOCH MAL ...!
DAS WAR KNAPP! DER ALTE NEPTUN HAT WIRKLICH SCHARFE BEISSERCHEN ...
CORMORAN
UND JETZT KOMMT AUCH NOCH WIND AUF, DER DIE ASCHENWOLKEN AUFS MEER TREIBT ... WAS BEDEUTET, DASS ANDY SICH GANZ SCHÖN BEEILEN MUSS ...
... UND UNS EINE KOSTENLOSE SAUNA ERWARTET! HÖLLISCH, DIESE HITZE! ... IM BESTEN FALL SCHWITZEN WIR ALLE EIN PAAR KILO AB ...
CORMORAN
... IM SCHLIMMSTEN ABER ENDEN WIR ALS FISCHFUTTER! NUR GUT, DASS ALI AUF FALQUENOYS FRACHTER IN SICHERHEIT IST ...
HALLO? ... „CORMORAN" AN MAC NULLY! ... BIST DU NOCH DA?
SORRY, ABER MAC NULLY KANN DIR GERADE NICHT ANTWORTEN, BARNEY ... ER MUSS SICH NÄMLICH AM STEUERRAD FESTHALTEN ...!
ICH TRÄUME WOHL?!
KEINESWEGS, ALTER, ICH BIN'S NÄMLICH WIRKLICH! GLAUBST DU EHRLICH, ICH LASSE DICH DEN GANZEN ZIRKUS OHNE MEINE UNTERSTÜTZUNG DURCHZIEHEN? AUSSERDEM BRAUCHST DU EINEN STEWARD, WENN DEMNÄCHST DEINE FAHRGÄSTE NACH HEISSEM KAFFEE SCHREIEN ...!

DU BIST VERRÜCKT, ALI !... GIB MIR SOFORT MAC NULLY, ER SOLL AUF DER STELLE UMDREHEN !!
MACHST DU WITZE ?
HIER GEHT ES DARUM, MENSCHEN ZU RETTEN, UND WO DU UND ANDY HINGEHEN, DA BIN ICH AUCH...
GIB MAL HER, KLEINER ...
JORDAN ?... HÖR AUF ZU BRÜLLEN, ALTER !... BIS VOR ZEHN MINUTEN WUSSTE ICH AUCH NICHT, DASS DER BENGEL AN BORD IST... ANSCHEINEND BESTEHT DIE MANNSCHAFT DER „CORMORAN" NUR AUS DICKKÖPFEN !
ICH POLIERE DIR DIE VISAGE, MAC NULLY, WENN DIESE RETTUNGSAKTION VORBEI IST ! UND NOCH WAS... WENN DU MIT DEM KLEINEN KENTERN SOLLTEST, WEIL DU ZUM MANÖVRIEREN ZU DÄMLICH BIST, DANN HOLE ICH DICH SELBST VOM MEERESBODEN HOCH UND ...
HALLO ! MAC NULLY, JORDAN !... HIER GUS MADRIER VON DER „TORONTO BELLE" ! EUER GEQUATSCHE GEHT UNS AUF DEN WECKER... **FAHREN WIR JETZT, ODER WOLLT IHR EUCH WEITER STREITEN ?**
BELLE
VERDAMMT, IST DOCH WAHR ! DIE ÖDEN MICH AN...
GUS ! DA VORN...!
TORONTO BELLE
GROSSER GOTT STEUERBORD, SCHN...
KRAA-AAAAAK-K-KKK
TORONTO BELLE
24

TAUSEND TEUFEL NOCH MAL! DIE „TORONTO BELLE" IST AUFGESCHLITZT WORDEN!
MADRIER UND SEIN MATROSE BENNETT SIND ALLEIN AN BORD! WIR MÜSSEN SIE RETTEN!
UND JORDAN, DIESER ALTE AFFE, HAT NATÜRLICH NICHTS GESEHEN!
SEIEN SIE NICHT UNGERECHT! DIE „CORMORAN" IST SCHON ZU WEIT VORAUS!
DIE „BELLE" IST JEDENFALLS IM EIMER! OHNE MANNSCHAFT KÖNNEN SIE DEN KAHN NICHT ABDICHTEN!
HE, SIE LASSEN EIN SCHLAUCHBOOT ZU WASSER!
TORONTO BELLE
TATSÄCHLICH, AN BORD DER SINKENDEN „TORONTO BELLE"...
WIR SCHAFFEN ES NICHT, GUS, SIE KIPPT ZU SCHNELL WEG!
DANN BLEIBT NUR NOCH EINS!... LOS, AB INS...
...SCHLAUCHBOOT UND DAS MESSER RAUS!
JETZT DU, BENNETT!!!
WENN SIE AUSEINANDERBRICHT, ERSCHLÄGT SIE UNS!
MACH SCHNELLER, MANN!!
25

JETZT... ACHT...
AAAH!
SIE HABEN'S NICHT GEPACKT! VER...
DA! DA SIND SIE...!
HI...HILFE!
OH, NEIN! IN DER AUFGEWÜHLTEN SEE WIRD DIE SINKENDE „BELLE" SIE IN IHREM SOG MITREISSEN! ICH HOLE UNSER SCHLAUCH-BOOT...
DAS DAUERT ZU LANGE! HIER, HALTEN SIE FEST, MAC NULLY!
?
NEIN, JUNGE, BLEIB HIER!! TU DAS NICHT!!!
26

RYAN!! SOFORT DIE MASCHINEN STOPPEN, BIS WIR DIE DREI AUS DEM WASSER GEFISCHT HABEN!... UND DANN SAG JORDAN BESCHEID, DASS SEIN KLEINER MATROSE HEUTE SEIN JÄHRLICHES BAD NIMMT!
ICH... ICH TRAUE MICH NICHT, KAPITÄN! SO, WIE ICH JORDAN KENNE, MACHT ER MICH DAFÜR VERANTWORTLICH, UND DANN GIBT ES KEINEN ORT AUF DIESER WELT, WO ICH VOR IHM NOCH SICHER WÄRE!
SOLL ICH DICH WEGEN BEFEHLSVERWEIGERUNG KIELHOLEN LASSEN?... WENN DAS TAU REISST, SIND ZWEI SCHIFFE BESSER ALS EINES, UM DIE DREI DA RAUSZUHOLEN!
BIN GLEICH BEI IHNEN, MR. MADRIER...
HALTEN SIE SICH AM RETTUNGSRING FEST!
GEHT NICHT! GUS IST BEWUSSTLOS GEWORDEN!
DANN NEHMEN WIR IHN EBEN ZU ZWEIT! HAUPTSACHE, DAS SEIL HÄLT... MAC NULLY WIRD UNS SCHON HERAUSZIEHEN!

ZUM TEUFEL MIT DIESEN FELSEN... EINGEKLEMMT! UND DAS AN EINEM RIFF, DAS SCHÄRFER IST ALS 'NE RASIERKLINGE!
HALLO! HALLO! HIER RYAN, DER MATROSE VON MAC NULLY... ICH RUFE DIE „CORMORAN"... SOFORT UMDREHEN!...
ICH WARNE DICH, RYAN, WENN DU HIER RUMJAMMERN WILLST...
WIE..?
WAS IST PASSIERT ??
DER TEUFEL SOLL EUCH HOLEN! WENN DEM KLEINEN WAS PASSIERT...
ICH HAB'S IHM GESAGT!... ER KOMMT...
MAN HÖRT'S!
DIESE SCHWACHKÖPFE!...
WENN BARNEYS WENDEMANÖVER IN KEINEM MARINEHANDBUCH UNTER DER ÜBERSCHRIFT „DAS VERRÜCKTESTE UNTERNEHMEN GEGEN JEGLICHEN GESUNDEN MENSCHENVERSTAND IN DER GESCHICHTE DER SEEFAHRT" VERZEICHNET IST, DANN NUR DESHALB, WEIL ES KEINE ZEUGEN GAB...
DIE WELLEN WERDEN UNS AN DIE RIFFE SCHMETTERN, KLEINER! RETTE DICH LIEBER SELBST...!
WENN DAS SEIL NOCH EINE WEILE HÄLT, SCHAFFEN WIR'S, BENNETT!
28

WOLLEN SIE ETWA ALLEINE MIT DEM SCHLAUCHBOOT RAUS-FAHREN, KÄPT'N ?!
KLAPPE, RYAN ! PASS LIEBER AUF, DASS MEIN KAHN SICH DA UNTEN NICHT MIT DER „BELLE" TRIFFT !
DAS IST WAHNSINN !
BESSER, ALS JORDAN ZU BEGEGNEN, WENN DER KLEINE UMKOMMT !
VERRÜCKTE, LAUTER VER-RÜCKTE ! ICH KANN VON GLÜCK REDEN, WENN AM ENDE WE-NIGSTENS ICH ÜBRIGGE-BLIEBEN BIN...!
HE, RYAN, SCHIEB DEINE LÄCHERLICHE BADEWANNE AUS DEM WEG, ODER ICH SCHLITZE IHR DEN BAUCH AUF ! ICH HALTE DIREKT AUF DICH ZU !
WIE ?!? ICH...
ZUM TEUFEL, DAS HÄTTE DIESER TYP GLATT GEBRACHT !!!
DAS SEIL !! ACHTUNG, DAS S...

KA... KANN MICH NICHT M... MEHR BEWEGEN...
NEIN! NUR NOCH EIN PAAR SEKUNDEN!
BENNETT! VERDAMMT NOCH MAL, ER SÄUFT AB!
HIER, MAC NULLY, ZIEHEN SIE GUS REIN!
KOMM DU AUCH AN BORD!
NEIN! ERST WENN ICH BENNETT GEFUNDEN HABE!
WAS... ?!?
GROSSER GOTT! IN DER BRÜHE SIEHT MAN KEINEN METER WEIT! DAS SCHAFFT ER NIE!!
HE, MAC NULLY! BRING MADRIER AUF MEIN SCHIFF, UND ÜBERNIMM DAS RUDER! ANSONSTEN WARTEST DU MEINE BEFEHLE AB... KLAR?!
DEINE BEFEHLE?... ABER...
KEIN ABER!!
!
30

UND ICH HAB' EXTRA ZWEI PAAR SOCKEN AN-GEZOGEN, UM JA KEINE NASSEN FÜSSE ZU KRIE-GEN...
ICH WUSSTE ES! WER DIE „NEPTUNZÄHNE" HERAUSFORDERT, MUSS DAFÜR MIT DEM LEBEN BE-ZAHLEN...
VERDAMMT, DAS GEHT NICHT GUT! BENNETT IST ZWISCHEN DEN FELSEN EINGEKLEMMT!
WIE? AUFTAUCHEN?... NICHT OHNE BENNETT...!
WAS FÜR EIN DICKKOPF! GENAUSO WIE ICH IN SEINEM ALTER!
JA!.. GE-SCHAFFT!!
MUSS IHN IRGENDWIE WIEDER-BELEBEN.. LOS, MADRIER, EIIIN, AUUUS...
DU STELLST DICH AN, ALS WÜRDEST DU TEIG FÜR EIN BROT KNETEN, MAC NUL-LY!... MACH UNS LIEBER EINEN EX-TRASTARKEN GROG! ICH SCHÄTZE, DASS DU DAS ET-WAS BESSER KANNST..
ICH ZEIGE IHNEN, WO BARNEY SEINE ZUCKERRESERVE VERSTECKT HAT, MAC NULLY..
!??
31

HALLO? HIER RYAN!... ICH RUFE DIE „CORMORAN"!... ALLES OKAY, KÄPT'N? WAS SOLL ICH JETZT MACHEN?
MIT DER EINEN HAND STEUERST DU, UND MIT DER ANDEREN MACHST DU ES WIE WIR... BEREITE SO VIEL TEE MIT RUM ZU, WIE DU KANNST! WIR WISSEN, WAS DIE FLÜCHTLINGE NACH DEM BAD, DAS SIE ERWARTET, BRAUCHEN WERDEN!
RHUM
KURS AUF PUNKT 234! LAUT KARTE GIBT'S DORT EINE BUCHT OHNE GRÖSSERE RIFFE, WO WIR HOFFENTLICH ANKERN KÖNNEN!
HE, GESCHAFFT! BENNETT BEWEGT DIE LIPPEN... DER GROG HAT WUNDER GEWIRKT...!
WARUM SOLLTE UNS UNSER SCHUTZENGEL AUCH IM STICH LASSEN, BEVOR WIR HIER FERTIG SIND? LANGSAM GLAUBE ICH AUCH, DASS WIR ANDY DOCH NICHT ERST IM PARADIES WIEDERSEHEN WERDEN!
MUT, TEDDY, NUR MUT! SIEHST DU DA VORNE DIE ZEHN QUADRATZENTIMETER BLAUEN HIMMEL!? DAS MUSS DAS ENDE DER FLAMMENWAND SEIN!
GESCHAFFT! WIR SIND DURCH, WIR...
KRA-A-A-AAH!
!?
32

WEG HIER!
GLÜCK GEHABT! ETWAS WEITER LINKS, UND MEIN SCHÄDEL WÄRE GESPALTEN...
ABER WIE HERAUSKOM... AUUU!
VERDAMMT, ZU FRÜH GEFREUT! DER KOPF IST ZWAR NOCH HEIL, ABER DAFÜR SIND DIE BEINE EINGEKLEMMT!.. ICH SPÜRE SIE KAUM NOCH, WENN ICH SIE ZU BEWEGEN VERSUCHE...
VIELLEICHT SOGAR GEBROCHEN...ICH MÜSSTE DEN STAMM WEGDRÜCKEN... AAH! KEINE CHANCE!
UND DAS FEUER KOMMT IMMER NÄHER... KEINE ZEHN MINUTEN MEHR, UND ICH WERDE GERÖSTET WIE EIN SPANFERKEL! WENN DU NICHT LEBENSMÜDE BIST, TEDDY, DANN SIEHST DU ZU, DASS DU HIER MÖGLICHST SCHNELL VERSCHWINDEST!
33

ZU BLÖD... ICH KANN... PUUUHH... DEN BAUM KEINEN MILLIMETER BEWEGEN...
DER KOLOSS WIEGT MINDESTENS EINE TONNE! SO, WIE ICH HIER LIEGE, KANN ICH NUR HOFFEN, DASS ES MÖGLICHST SCHNELL VORBEIGEHT...
VERDAMMT!!
SPRENGEN! ICH MUSS DEN STAMM WEGSPRENGEN!! DIE CHANCEN STEHEN ZWAR EINS ZU ZEHN, ABER IMMER NOCH BESSER, ALS DARAUF ZU WARTEN, DASS MICH DAS FEUER GRILLT!
WENN'S ALLERDINGS NICHT GLEICH BEIM ERSTEN MAL KLAPPT, SIEHT'S DÜSTER AUS.
DAS ENDE DES BAUMSTAMMS GLIMMT NOCH GENUG... MIT ETWAS GLÜCK SPRENGE ICH GENÜGEND WEG, DAMIT DIESES VERDAMMTE MONSTRUM LEICHTER WIRD!... ENTWEDER KOMME ICH FREI...
...ODER ICH FLIEGE MIT DEM BAUM IN DIE LUFT! SO ODER SO, MEIN PROBLEM IST DANN GELÖST...
WIE LANGE DAUERT ES WOHL, BIS DER SPRENGSATZ ZÜNDET?... ZEHN SEKUNDEN? ZWANZIG? EGAL, DIE EWIGKEIT KANN SICH AUCH NICHT LÄNGER HINZIEHEN...
34

TEDDY! VERDAMMT, BIST DU DENN VERRÜCKT ?!! ÄH... LASS SOFORT DAS DYNAMIT LOS !!
DAS... DAS DARF DOCH NICHT WAHR SEIN! ER KAPIERT NATÜRLICH NICHT, WAS ICH MEINE...
ÄH... KOMM, MEIN KLEINER, BRING PAPA DAS STÖCKCHEN...
ICH KOMME MIR VOR WIE EIN IDIOT, ABER WAS SOLL ICH MACHEN?
JAAA... BIST EIN GUTES BÄRCHEN, JA...
NOCH EIN KLITZEKLEINES BISSCHEN NÄHER...
SO!!
OH, GOTT!... WARTE, ALTER, LASS MICH ERST AUFHÖREN ZU ZITTERN!
JA, JA, DU HAST GEWUSST, DASS DAS MIT DEM DYNAMIT SELBSTMORD WÄRE! ABER HAST DU NICHT EINE ANDERE IDEE? SCHÄTZE, MIR BLEIBEN NOCH KNAPPE FÜNF MINUTEN, BEVOR...
DIE GEWERKSCHAFT MAG ES GAR NICHT, WENN WIR HOLZFÄLLER SONDERSCHICHTEN MACHEN, MEIN FREUND!... ABER IN DIESEM FALL WILL ICH MAL NICHT SO SEIN...
!?
35

SIND SIE VOM SÄGEWERK? DANN HABE ICH IHRE GRUPPE ALSO ERREICHT?... SCHNELL, ZIEHEN SIE MICH HIER RAUS!
HE, WIR WOLLEN DOCH NICHTS ÜBERSTÜRZEN!
MAL SEHEN... WENN ICH DIE GROSSEN ÄSTE ABSCHLAGE, MÜSSTE DER STAMM ZUR ANDEREN SEITE WEGROLLEN! ABER...
...GENAU WEISS MAN DAS NIE! ER KANN AUCH ZUR ANDEREN SEITE FALLEN...
DAS RISIKO NEHME ICH GERNE AUF MICH!
AH, ER BEWEGT SICH...
NA ALSO!
DANKE!... OH, MANN, DER BAUM HAT MIR DAS BLUT IN DEN BEINEN ABGESCHNÜRT...
FÜR IHRE GYMNASTIK IST JETZT ABER KEINE ZEIT MEHR...
DOCH EIGENTLICH IST DAS EGAL! IN WENIGER ALS EINER STUNDE WIRD DAS FEUER UNS EINGEHOLT HABEN... UND DANN SIND WIR ALLE AM ENDE!
DA IRREN SIE SICH, MEIN FREUND! WAS HALTEN SIE VON EINER ÜBERRASCHUNG?
36

ÜBERRASCHUNG? WAS FÜR 'NE ÜBERRASCHUNG? ODER HAT IHNEN DAS FEUER SCHON DAS GEHIRN AUSGETROCKNET?
OH, NEIN, ICH WEISS SEHR WOHL, WAS ICH SAGE...
HE, GRÜNES GRAS! DASS ES DAS NOCH GIBT...?
ICH HAB'S DOCH GEWUSST! LOS, MEIN FREUND, NOCH EIN PAAR SCHRITTE, UND WIR SIND DA!
GIBT ES... VIELE ÜBERLEBENDE?
VON UNSERER GRUPPE ALLE. ABER VON DENEN, DIE NACH CARANOA GEGANGEN SIND, WISSEN WIR NICHTS!
KEINE ANGST, DIE SIND IN SICHERHEIT! SIE WERDEN GERADE VON KAPITÄN FALQUENOYS FLOTTE GERETTET...
DA... SIE WOLLEN EINFACH NICHT BEGREIFEN, DASS EIN GRABEN DAS FEUER AUCH NICHT AUFHALTEN KANN...
ABER... DAS MEER IST LEER! WO IST BARNEY??
37

BARNEY? BEI UNS GIBT'S KEINEN, DER SO HEISST! ALSO, GANZ RUHIG, FREUND...
NUR EINE VERSPÄTUNG! LOS, HELFEN SIE MIR!
ALLE MAL HERHÖREN! ICH KOMME VON DER ANDEREN SEITE! BALD WERDEN RETTUNGSSCHIFFE HIER SEIN...
HE, WO KOMMT DENN DER VERRÜCKTE HER?
WIR HABEN NICHT MEHR VIEL ZEIT!... BILDEN SIE GRUPPEN, DIE FRAUEN UND KINDER ZUERST! WIR GEHEN AN BORD, BEVOR DAS FEUER HIER IST!
DAS FEUER?... HIER? WAS MEINT ER DAMIT?
AN BORD GEHEN?... WO DENN ...?
MINDESTENS DREI SCHIFFE SIND UNTERWEGS! ICH HABE DAS FEUER DURCHQUERT, UM SIE ZU BENACHRICHTIGEN!
EIN VERRÜCKTER! ER LAG EINGEKLEMMT UNTER EINEM BAUM...
ICH BIN DOKTOR KILIAN... HIER, TRINKEN SIE, DAS WIRD SIE BERUHIGEN...
ABER BEGREIFEN SIE DOCH, ICH SAGE DIE WAHRHEIT...!
JETZT REICHT'S MIR! ICH VERBIETE IHNEN, WEITER DIESEN UNSINN ZU ERZÄHLEN UND PANIK ZU VERBREITEN!
VERDAMMT, WIR DÜRFEN KEINE ZEIT VERLIEREN! TUN SIE ENDLICH, WAS ICH SAGE, ODER WIR GEHEN ALLE DRAUF!
PASS AUF, CABBOTT, ER WIRD GEFÄHRLICH!
KEINE ANGST, DEN BRINGE ICH SCHON ZUM SCHWEIGEN!
!
38

HE ?!
MEIN TEDDY! EGAL, OB DAS EBEN ZUFALL WAR ODER OB DU MIR FÜR ALLES DANKEN WOLL-TEST... DU KAMST IM RICHTIGEN MOMENT!
DU KRIEGST SCHON NOCH DEIN FETT!
UND SCHAFF DIESES BIEST WEG, BEVOR ES DIE KINDER BEISST!
HAST DU „BIEST" GESAGT? KOMMT NUR HER, IHR IDIOTEN, DER ERSTE, DER IHN ANRÜHRT ...
ABER, ABER, MEINE FREUNDE, VELIEREN WIR DOCH NICHT DEN KOPF! DIESER STREIT IST LÄCHERLICH! WIR...
DAS FEUER IST DA!!

VERBREITERT DEN GRABEN, BEVOR DAS FEUER ÜBERSPRINGT!
NEHMT EUCH EIMER, UND SCHÖPFT WASSER AUS DEM MEER!
SIE HATTEN ALSO RECHT! ENTSCHULDIGEN SIE DIE MÄNNER, SIE HABEN DIE NERVEN VERLOREN...
SCHON GUT, GING MIR GENAUSO...
ALL DIESE ANSTRENGUNGEN, DIESER WAHNSINNIGE MARSCH... FÜR NICHTS! OHNE SCHIFF HABEN WIR KEINE CHANCE ...
DIESES SCHIFF DORT?
DIE „CORMORAN"... BARNEY! HURRAAAH!!!
KANN WEGEN DER FELSEN NICHT NÄHER ANS UFER! SCHIEBT EURE AUTOS INS WASSER, DAS GIBT 'NE GUTE BRÜCKE!
40

LOS, SO SCHIEBT DOCH! SCHNELLER!!
FÜR DAS AUTO SIND NOCH DREI RATEN FÄLLIG!
UND WAS IST DIR UNSERE HAUT WERT?
GLAUBST DU, DASS SIE'S SCHAFFEN?
SIE MÜSSEN! SCHLIESSLICH KANN IHNEN SONST NIEMAND ZU HILFE KOMMEN!
GUT SO!
BLEIBT UNS NUR NOCH ZU HOFFEN, DASS DIE AUTOS NICHT ZU TIEF ABSACKEN...
LANGSAM BIN ICH GANZ FROH, DASS ICH SIE UNTER DEM BAUMSTAMM 'RAUSGEZOGEN HABE...
WAS FÜR EIN GLÜCK... SIE SINKEN NICHT WEITER! DIE ACHSEN HABEN SICH ZWISCHEN DEN RIFFEN FESTGEKLEMMT! GEHEN WIR...
ACHTUNG, DIE TAUE! WIR HABEN KEINE ZEIT, NEUE ZU HOLEN!
SCHNELLER, DAS FEUER SPRINGT GERADE ÜBER DEN LETZTEN GRABEN!

LOS! STELLT EUCH VOR, IHR STÜRMT DAS KALTE BUFFET BEI EINER PARTY!
JULIA DAWKINS, SIE DUMME GANS! WAS WOLLEN SIE MIT DEM KOFFER? WERFEN SIE IHN SOFORT WEG!
HIER LANG, MADAM...
DRÄNGELT DOCH NICHT!
DIE ERSTEN FLÜCHTLINGE GEHEN AN BORD, MR. MADRIER!... WIR HABEN ES GESCHAFFT!
MEHR ALS HUNDERT! DAS IST SOGAR DEN VERLUST DER „TORONTO BELLE" WERT!
GUT, DANN MACHE ICH SCHON MAL DEN KAHN KLAR, UM IM TIEFEREN WASSER JORDAN EINIGES VON SEINER LAST ABZUNEHMEN...
WILLKOMMEN AN BORD, KÄPT'N!
MANN, BIN ICH FROH, EUCH WIEDERZU...
DU MEINE GÜTE... TEDDY!
ÄH... WAS?

MEIN TEDDYBÄR! ICH MUSS IHN HOLEN!
WAS SOLL DAS, ANDY? BLEIB HIER, DU WARST DER LETZTE...
ICH... ICH KÖNNTE FÜR DEN REST MEINES LEBENS NICHT MEHR RUHIG SCHLAFEN!...
HALLO, BÄRCHEN!... TEDDYBÄR!
DA, ER HAT MEINE STIMME ERKANNT! LOS, KLEINER, SPRING SCHON!
MIT DEM FEUER IM NACKEN IST ES NICHT SCHWER, DIE MENSCHEN ZU VERSTEHEN, NICHT WAHR?
DAS DARF DOCH NICHT WAHR SEIN!? DA BRINGT DER DOCH GLATT EINEM KLEINEN BÄREN ZIRKUSKUNSTSTÜCKE BEI!... ICH KANN'S NICHT FASSEN!
NOCH PLATZ FÜR DREI SCHIFFBRÜCHIGE, SIR?
NA, HÖR MAL! NACHDEM, WAS DU HIER GELEISTET HAST, WERDE ICH DICH FÜR GELD AUSSTELLEN, WENN WIR ZURÜCK SIND!
GIB GAS, BARNEY, HIER WIRD'S MIR ZU HEISS...!
ES HAT FAST DEN ANSCHEIN, ALS WÜTET DAS FEUER NUN, DA IHM SEINE OPFER DOCH NOCH ENTKOMMEN KONNTEN, UM SO STÄRKER... BIS ZUM RAND BELADEN, STECHEN DIE BEIDEN SCHIFFE, DIE DIE LETZTE HOFFNUNG DER MENSCHEN WAREN, IN SEE...
43

UND MADRIER WIRD EIN BRANDNEUES BOOT BEKOMMEN! GENAU DAS HAT DER VERSICHERUNGS-FRITZE GESAGT!.. HA! HA!
KOMISCH, DEINE HAARE HABEN PLÖTZLICH SO 'NEN ROTSTICH...
ABER DIE SCHÖNSTE BELOHNUNG IST DAS HIER, EIN EISGEKÜHLTER DRINK IN DER HAND! WER HÄTTE NACH SO EINER FAHRT, UNTER DEM KOMMANDO EINES UNZURECHNUNGSFÄHIGEN, NOCH JE DAMIT GERECHNET...
ÄH... WEN MEINST DU MIT UNZURECHNUNGSFÄHIG, MEIN BESTER?
NUN JA, ÄH... ICH WILL JA KEINEN NAMEN DIREKT NENNEN, ABER...
KOMM, TEDDY, WIR NEHMEN ERST MAL EIN RICHTIGES BAD! WIRD ZEIT, DASS DU DIE ZIVILISATION KENNENLERNST...
GENAU... JETZT, WO DAS LEBEN WIEDER SEINEN NORMALEN GANG NIMMT...
44
ENDE

CARLSEN COMICS

Das bunte Programm

PERCY PICKWICK

Sehr „britisch" ist die Lebensart von Percy Pickwick, dem Geheimagenten Ihrer Majestät. Seinen gefährlichen Beruf bewältigt Pickwick mit viel Humor.

Von Turk und de Groot.

BENNI BÄRENSTARK

Der kleine freundliche Junge Benni ist unheimlich stark – bärenstark! Aber wehe, er ist erkältet; dann schwinden seine Kräfte im Nu.

Von Peyo.

TIM UND STRUPPI

Tim, sein Hund Struppi, der immerzu fluchende Kapitän Haddock, die Detektive Schulze und Schultze – sie begeistern nun schon fast ein Menschenalter lang alle Leser „zwischen acht und achtzig". Eine der schönsten Comic-Serien der Welt.

Von Hergé.

SPIROU UND FANTASIO

Nichts ist aufregender als ein Tag im Leben von Spirou und seinem Freund, dem Reporter Fantasio. Dafür sorgt schon allein das Marsupilami, das gefleckte Wundertier mit dem unendlich langen Schwanz!

Von André Franquin.

YAKARI

Yakari, der kleine Indianerjunge, kann mit den Tieren sprechen. Mit ihnen erlebt er viele interessante Abenteuer.

Von Derib und Job.

FRANKA

Mit Cleverness und einem guten Kombinationsvermögen löst die hübsche Franka so manchen brenzligen Kriminalfall.

Von Henk Kuijpers.

L. FRANK

Der Reporter Luc Frank ist immer zur Stelle, wenn es um einen spannenden und gefährlichen Fall geht. Sein Gegenspieler ist der unergründliche Axel Borg.

Von Jacques Martin.

BARELLI

Barelli ist von Beruf Schauspieler. Gern möchte er auch im Leben einmal eine aufregende Rolle spielen. Da lernt er Polizeiinspektor Moreau kennen . . .

Von Bob de Moor.

VALHARDI & CO, ABENTEURER

Jack Valhardi ist der klassische Abenteurer. Wo immer es mysteriöse Verbrechen aufzuklären gilt, ist er zur Stelle.

Von Charlier und Paape.

GASTON

Mit seinen verrückten Einfällen und Erfindungen bringt der Bürobote Gaston die gesamte Belegschaft des Carlsen Verlags an den Rand des Wahnsinns. Gaston ist die größte Katastrophe, seit es Comics gibt . . .

Von André Franquin.

JOHNNY HAZARD

Sein faszinierender Beruf führt den Piloten Johnny Hazard rund um die Erde. Und immer wieder gerät er in brenzlige Situationen, die er jedoch souverän bewältigt.

Von Frank Robbins.

YOKO TSUNO

Die japanische Elektronik-Spezialistin Yoko Tsuno und ihre Begleiter Vic und Knut erleben phantastische Abenteuer im Weltraum und auf der Erde.

Von Roger Leloup.

JEFF JORDAN

Jeff Jordan ist ein Privatdetektiv, dem kein Fall zu gefährlich ist . Ihm zur Seite stehen Teddy, ein ehemaliger „schwerer Junge", sowie der unnachahmliche Inspektor Stiesel.

Von Maurice Tillieux.

DER ROTE KORSAR

Schon sein Name bringt jeden Befahrer der sieben Weltmeere zum Erzittern. Zusammen mit seiner wilden Meute macht der Rote Korsar Jagd auf die Schätze von Edelleuten und Königen.

Von Charlier und Hubinon.

DIE SCHLÜMPFE

Die Schlümpfe sind ein kleines Volk blauer Kobolde. Sie sind gutmütig und listig und sprechen ihre eigene Schlumpfsprache.

Von Peyo.

BLAKE UND MORTIMER

In aller Herren Länder werden Professor Mortimer und Hauptmann Blake vom Scotland Yard in unheimliche Geschehnisse verwickelt.

Von Edgar P. Jacobs.

Gesamtverzeichnis in jeder guten Buchhandlung oder beim Carlsen Verlag, Dieselstraße 6, D-2057 Reinbek

EDITION comicArt IM CARLSEN VERLAG

Comics für Kenner

EIN FALL FÜR INSPEKTOR CANARDO

Die melancholische Ente Canardo, der „Bogart der Comic-Kunst", schlittert ganz gegen ihren Willen von einer Tragödie in die andere.

Von Benoît Sokal.

CORTO MALTESE

Corto Maltese ist ein Einzelgänger, ein Kapitän ohne Schiff. Er lebt in einer Welt, in der sich Realität, Magie und Phantasie ständig vermischen...

Von Hugo Pratt.

JOHN DIFOOL

Privatdetektiv John Difool, der Held dieser Science-Fiction-Serie, wird über Nacht zu einer der meistgesuchten Personen des ganzen korrupten Planeten...

Von Moebius und Jodorowsky.

REISENDE IM WIND

Auf einem Sklavenschiff gelangt die junge Adlige Isabeau de Marnaye gegen Ende des 18. Jahrhunderts bis nach Afrika und wird dort mit der grausamen Realität des Menschenhandels konfrontiert.

Von François Bourgeon.

DIE REISE ANS ENDE DER WELT

Auf der Suche nach schemenhaften Bildern, die durch seinen Kopf jagen, gerät Arthis Jolinon in die Sümpfe, die von den Einheimischen „Das Ende der Welt" genannt werden.

Von Makyo und Vicomte.

SPIRIT

Der Gangsterjäger Denny Colt alias Spirit ist kein Superheld nach gängigen Klischees. – Ein aufregend gezeichneter Klassiker der Comics.

Von Will Eisner.

REIHE 16/22

Eine neue Reihe in einem neuen Format. Eine bunte Mischung von Comics einiger der bekanntesten Zeichner und Autoren der französischen Schule.

SIMON – ZEUGE DER ZUKUNFT

Am Beispiel von Simon dem Jäger wird deutlich gemacht, daß sich die Machtverhältnisse auf dieser Welt auch nach einem neuen allumfassenden Krieg nur wenig ändern.

Von Auclair.

DIE SUCHE NACH DEM VOGEL DER ZEIT

Eine große Gefahr bedroht das Reich Akbar. Pelissa reist durch unzählige Gefahren, um den Vogel der Zeit zu suchen. Denn nur er kann Akbar retten.

Von Le Tendre und Loisel.

NIKODEMUS BORODIN

In der Zeit der Segelschiffe und Zeppeline versucht der Reporter Nikodemus Borodin einigen mysteriösen Zusammenhängen auf die Spur zu kommen.

Von Pierre Wininger.

JACK PALMER

Gegen Jack Palmer sind Phil Marlowe und Kommissar Maigret blutige Anfänger. Daß aber doch so manches schiefgeht, das ist halt das Leben...

Von René Pétillon.

DER IDEENHÄNDLER

Im Auftrag des Techno-Zentrums überwacht Zeitagent John Diller die Entwicklung der Erde. Als jedoch eines Tages nicht alles nach Plan läuft, wird er zum Gejagten zwischen den Dimensionen.

Von Berthet und Cossu.

FREDDY LOMBARD

Das Abenteuer wartet auf Freddy, Diana und Sweep an jeder Straßenecke. Und wie sein geistiges Vorbild aus der Feder Hergés läßt sich auch Freddy, der Tim der achtziger Jahre, gern hineinziehen.

Von Yves Chaland.

DIE SPUREN DER GÖTTER

Im südamerikanischen Dschungel sucht eine Gruppe von Wissenschaftlern nach der Quelle des ewigen Lebens... Doch zwischen den Rätseln der Vergangenheit stößt sie auf die Spuren der Götter...

Von Birger und Rafael.

Gesamtverzeichnis in jeder guten Buchhandlung oder beim Carlsen Verlag, Dieselstraße 6, D-2057 Reinbek